AF143013

Impressum
Verlag: BABADADA GmbH, Nedderfeld 112 , 22529 Hamburg
Geschäftsführer / Verlagsleitung: Harald Hof
Druck: Books on Demand GmbH, In de Tarpen 42, 22848 Norderstedt

Imprint
Publisher: BABADADA GmbH, Nedderfeld 112 , 22529 Hamburg, Germany
Managing Director / Publishing direction: Harald Hof
Print: Books on Demand GmbH, In de Tarpen 42, 22848 Norderstedt, Germany

klassnaâ komnata
класна кімната

delit'
ділити

186/2

doska
дошка

škol'nyj dvor
шкільний двір

učitel'
вчитель

bumaga
папір

pisat'
писати

ručka
ручка

pis'mennyj stol
письмовий стіл

linejka
лінійка

kniga
книга

učenik
учень

ranec
ранець

penal
пенал

karandaš
олівець

točilka
точило

lastik
гумка

al'bom dlâ risovaniâ
альбом для малювання

risunok

малюнок

kistočka

пензель

korobka krasok

коробка фарб

nožnicy

ножиці

klej

клей

tetrad'

зошит

domašnââ rabota

домашнє завдання

cyfra

число

pribavlât'

додавати

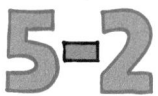

vyčitat'

віднімати

umnožat'

множити

sčitat'

рахувати

bukva

літера

alfavit

абетка

slovo

слово

tekst

текст

čitat'

читати

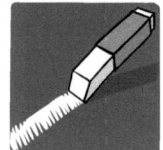

mel

крейда

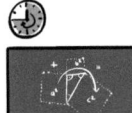

urok

година

klassnyj žurnal

класний журнал

èkzamen

екзамен

diplom

диплом

škol'naâ forma

шкільна форма

obrazovanie

освіта

èncyklopediâ

лексикон

universitet

університет

mikroskop

мікроскоп

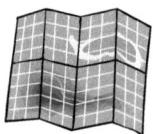

karta

карта

korzina dlâ bumag

кошик для паперу

putešestvie
подорож

gostinica
готель
Grand
turbaza
турбаза
ROOMS
punkt obmena valûty
обмінний пункт
čemodan
валіза
avtomobil'
автомобіль

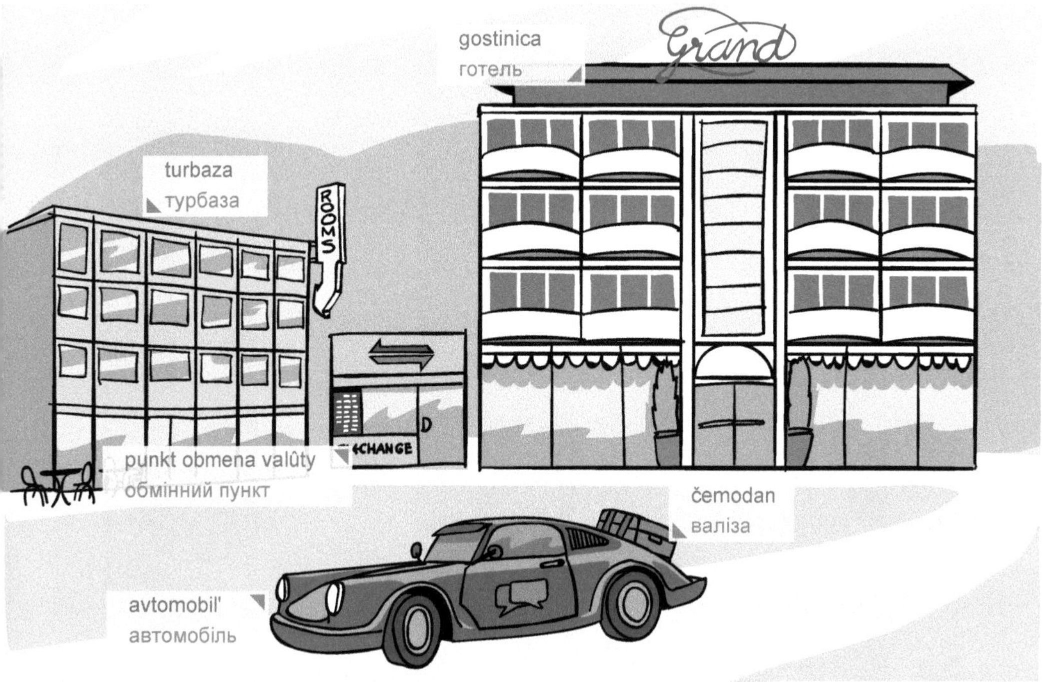

âzyk
мова

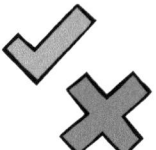

da / net
так / ні

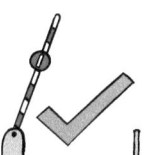

horošo
добре

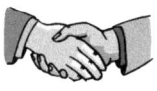

Privet
привіт

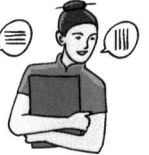

perevodčik
перекладач

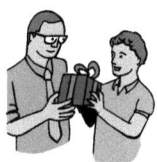

Spasibo
дякую

Skol'ko stoit...?

Скільки коштує ...?

Â ne ponimaû

Я не розумію

problema

проблема

Dobryj večer!

Добрий вечір!

Dobroe utro!

Доброго ранку!

Dobroj noči!

На добраніч!

Do svidaniâ

До побачення

napravlenie

напрямок

bagaž

багаж

sumka

сумка

rûkzak

рюкзак

gost'

гість

komnata

кімната

spal'nyj mešok

спальний мішок

palatka

намет

turističeskaâ informacyâ

туристична інформація

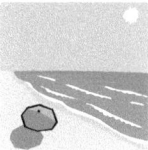

plâž

пляж

kreditnaâ kartočka

кредитна картка

zavtrak

сніданок

obed

обід

užyn

вечеря

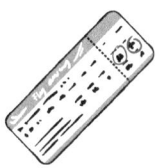

bilet

квиток

lift

ліфт

počtovaâ marka

поштова марка

granica

межа

tamožnâ

митниця

posol'stvo

посольство

viza

віза

pasport

паспорт

transport
транспорт

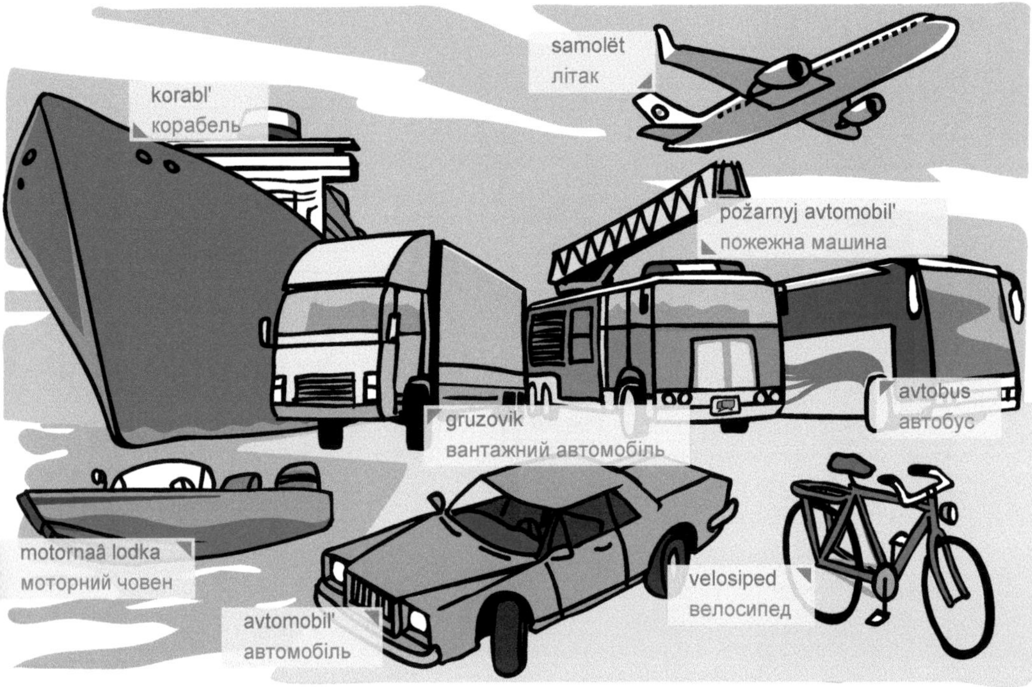
samolët
літак
korabl'
корабель
požarnyj avtomobil'
пожежна машина
avtobus
автобус
gruzovik
вантажний автомобіль
motornaâ lodka
моторний човен
velosiped
велосипед
avtomobil'
автомобіль

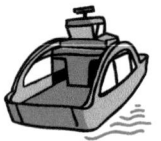

parom

пором

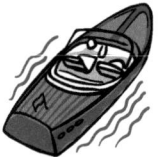

lodka

човен

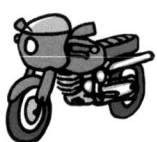

motocykl

мотоцикл

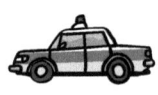

policejskij avtomobil'

поліцейська машина

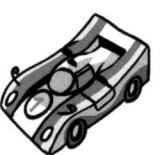

gonočnyj avtomobil'

гоночний автомобіль

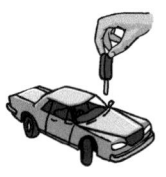

arendovannyj avtomobil'

автомобіль на прокат

sovmestnoe pol'zovanie
avtomobilâmi

спільне користування авто

buksirovočnyj avtomobil'

евакуатор

musorovoz

сміттєвоз

dvigatel'

двигун

toplivo

паливо

zapravka

автозаправна станція

dorožnyj znak

дорожній знак

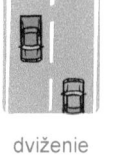

dviženie

рух

probka

затор

avtostoânka

стоянка

vokzal

вокзал

rel'sy

рейки

poezd

потяг

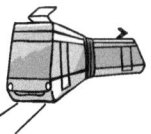

tramvaj

трамвай

vagon

вагон

vertolët

гелікоптер

aèroport

аеропорт

vyška

вежа

passažyr

пасажир

kontejner

контейнер

korobka

коробка

teležka

візок

korzina

кошик

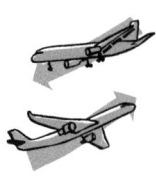

vzletat' / prizemlât'sâ

стартувати / приземлятися

gorod

місто

derevnâ

село

centr goroda

центр міста

dom

дім

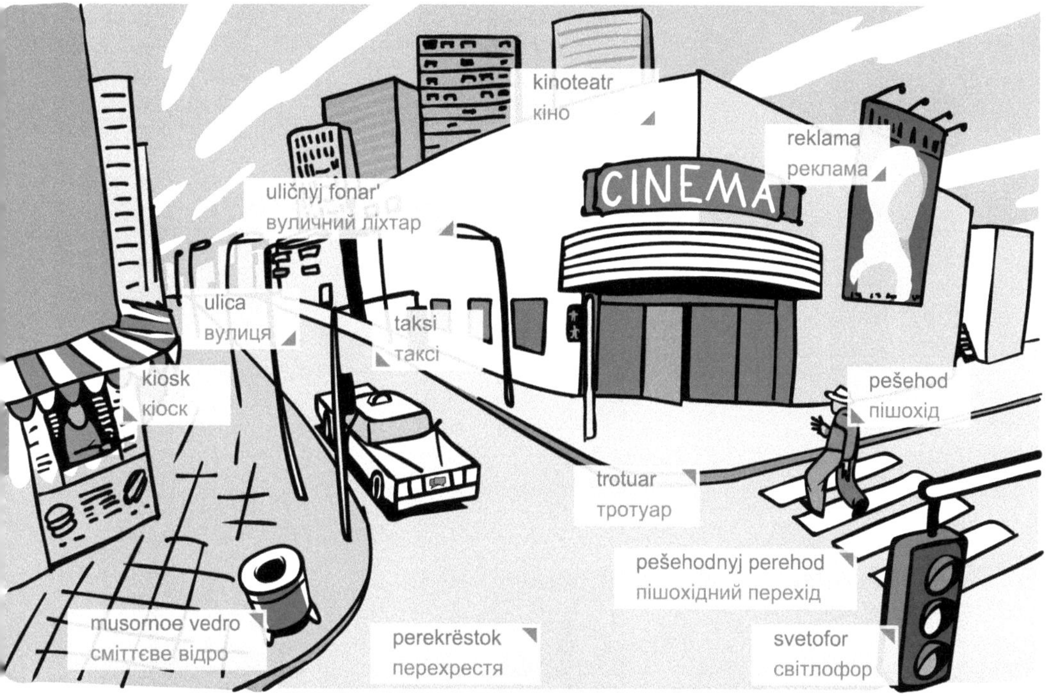

kinoteatr
кіно

reklama
реклама

uličnyj fonar'
вуличний ліхтар

CINEMA

ulica
вулиця

taksi
таксі

pešehod
пішохід

kiosk
кіоск

trotuar
тротуар

pešehodnyj perehod
пішохідний перехід

musornoe vedro
сміттєве відро

perekrёstok
перехрестя

svetofor
світлофор

hižyna

хатина

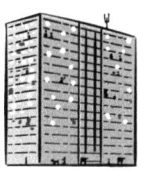

kvartira

квартира

vokzal

вокзал

ratuša

ратуша

muzej

музей

škola

школа

universitet

університет

bank

банк

bol'nica

лікарня

gostinica

готель

apteka

аптека

ofis

офіс

knižnyj magazin

книжковий магазин

magazin

магазин

cvetočnyj magazin

квітковий магазин

supermarket

супермаркет

rynok

ринок

univermag

універмаг

torgovec ryboj

торговець рибою

torgovyj centr

торговельний центр

port

гавань

park

парк

skamejka

лава

most

міст

lestnica

сходи

metro

метро

tonnel'

тунель

avtobusnaâ ostanovka

автобусна зупинка

bar

бар

restoran

ресторан

počtovyj âŝik

поштова скринька

tablička s nazvaniem ulicy

вулична табличка

parkometr

лічильник паркування

zoopark

зоопарк

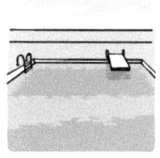

bassejn

басейн

mečet'

мечеть

ferma

ферма

zagrâznenie okružaûšej sredy

забруднення навколишнього середовища

kladbiše

кладовище

cerkov'

церква

detskaâ plošadka

дитячий майданчик

hram

храм

landšaft
ландшафт

list
листок

dorožnyj ukazatel'
вказівний стовп

doroga
шлях

ług
луг

kamen'
камінь

derevo
дерево

putešestvennik
мандрівник

reka
річка

trava
трава

cvetok
квітка

dolina

долина

gora

гора

ozero

озеро

les

ліс

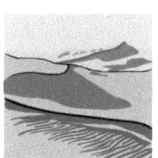

pustynâ

пустеля

vulkan

вулкан

zamok

замок

raduga

веселка

grib

гриб

pal'ma

пальма

komar

комар

muha

муха

muravej

мурашка

pčela

бджола

pauk

павук

landšaft - ландшафт

žuk

жук

lâguška

жаба

belka

вивірка

ež

їжак

zaâc

заєць

sova

сова

ptica

птах

lebed'

лебідь

kaban

кабан

olen'

олень

los'

лось

plotina

гребля

vetrânoj generator

вітряк

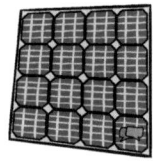

solnečnaâ batareâ

сонячний модуль

klimat

клімат

restoran

ресторан

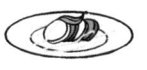

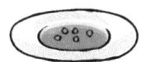

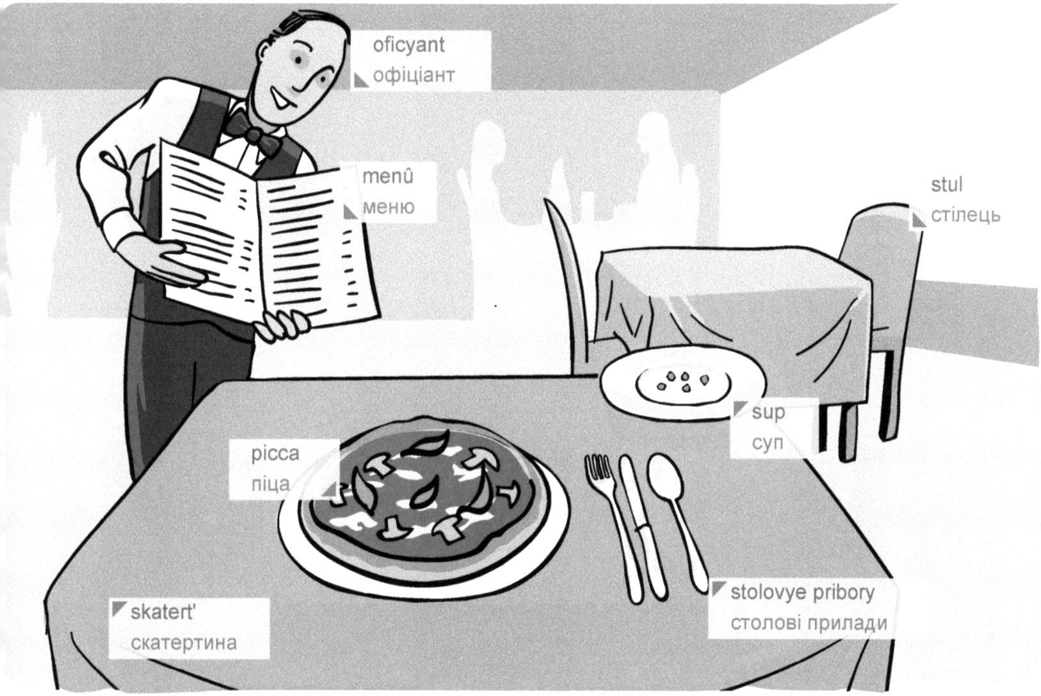
oficyant
офіціант
menû
меню
stul
стілець
sup
суп
picca
піца
skatert'
скатертина
stolovye pribory
столові прилади

zakuska
закуска

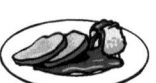

glavnoe blûdo
друга страва

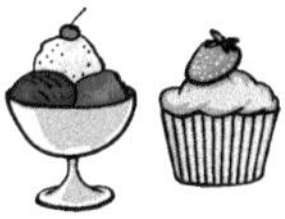

desert
десерт

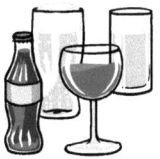

napitki
напої

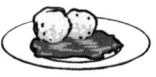

eda
їжа

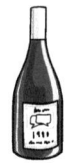

butylka
пляшка

fastfud

фаст-фуд

uličnaâ eda

вулична їжа

čajnik

чайник

saharnica

цукорниця

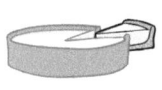

porcyâ

порція

kofevarka

еспресо-машина

detskij stul'čik

високий стільчик

sčet

рахунок

podnos

піднос

nož

ніж

vilka

вилка

ložka

ложка

čajnaâ ložka

чайна ложка

salfetka

серветка

stakan

склянка

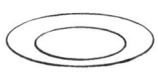

tarelka

тарілка

supovaâ tarelka

тарілка для супу

blûdce

блюдце

sous

соус

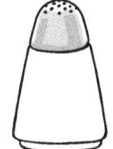

solonka

солонка

mel'nica dlâ perca

млин для перцю

uksus

оцет

maslo

масло

specyi

спеції

ketčup

кетчуп

gorčica

гірчиця

majonez

майонез

supermarket
супермаркет

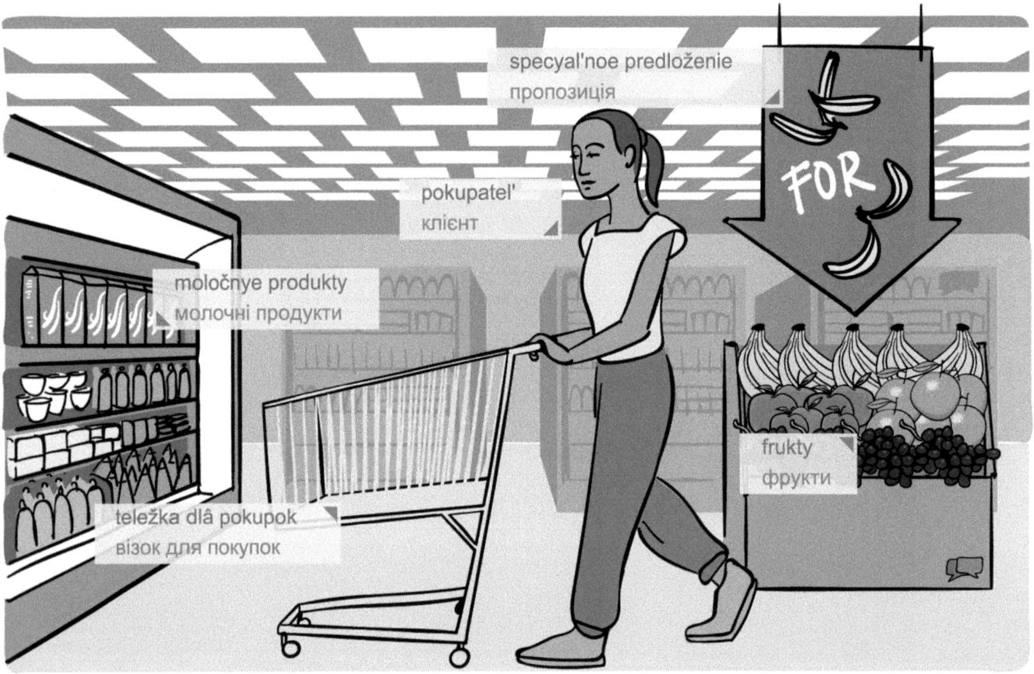

specyal'noe predloženie
пропозиція
pokupatel'
клієнт
moločnye produkty
молочні продукти
FOR
frukty
фрукти
teležka dlâ pokupok
візок для покупок

BUTCHERS

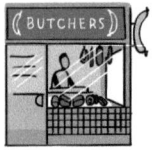

mâsnoj magazin

м'ясний магазин

BAKERY

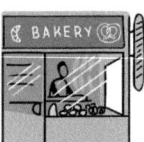

pekarnâ

пекарня

vzvešyvat'

зважувати

ovoŝi

овочі

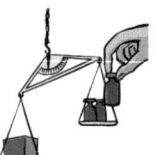

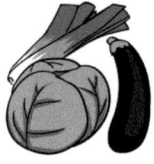

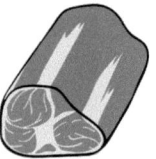

mâso

м'ясо

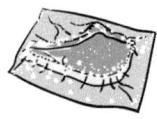

bystrozamorožennye produkty

заморожені продукти

narezka

ковбасна нарізка

konservy

консерви

stiral'nyj porošok

пральний порошок

sladosti

солодощи

predmet domašnego obihoda

предмети домашнього побуту

moûšee sredstvo

мийний засіб

prodavšica

продавщиця

kassa

каса

kassir

касир

spisok pokupok

список покупок

vremâ raboty

часи роботи

bumažnik

гаманець

kreditnaâ kartočka

кредитна картка

sumka

сумка

poliètilenovyj paket

поліетиленовий пакет

voda

вода

sok

сік

moloko

молоко

koka-kola

кола

vino

вино

pivo

пиво

alkogol'

алкоголь

kakao

какао

čaj

чай

kofe

кава

èspresso

еспресо

kapučino

капучіно

banan

банан

âbloko

яблуко

apel'sin

апельсин

arbuz

кавун

limon

лимон

morkov'

морква

česnok

часник

bambuk

бамбук

luk

цибуля

grib

гриб

orehi

горішки

lapša

локшина

spagetti

спагеті

ris

рис

salat

салат

kartofel' fri

картопля фрі

žarenyj kartofel'

смажена картопля

picca

піца

gamburger

гамбургер

sèndvič

бутерброд

šnicel'

шніцель

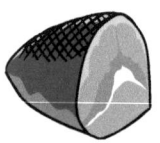

vetčina

шинка

salâmi

салямі

kolbasa

ковбаса

kurica

курка

žarkoe

печеня

ryba

риба

ovsânye hlop'â

вівсяні пластівці

mûsli

мюслі

kukuruznye hlop'â

кукурудзяні пластівці

muka

борошно

kruassan

круасан

buločka

булочка

hleb

хліб

tost

тостовий хліб

pečen'e

печиво

maslo

масло

tvorog

сир

pirog

пиріг

âjco

яйце

âičnica

яєчня

syr

сир

moroženoe

морозиво

sahar

цукор

mёd

мед

marmelad

мармелад

krem s nugoj

нуга-крем

karri

карі

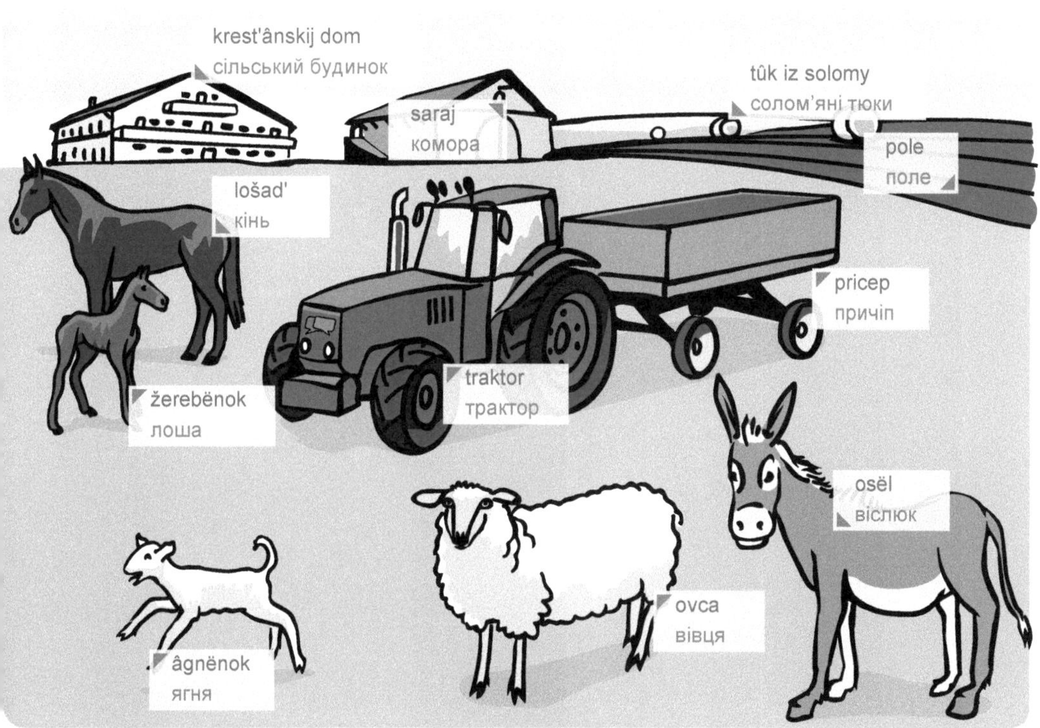

krest'ânskij dom
сільський будинок

tûk iz solomy
солом'яні тюки

saraj
комора

pole
поле

lošad'
кінь

pricep
причіп

traktor
трактор

žerebënok
лоша

osël
віслюк

âgnënok
ягня

ovca
вівця

koza

коза

korova

корова

telënok

теля

svin'â

свиня

porosënok

порося

byk

бик

gus'

гусак

utka

качка

cyplënok

курча

kurica

курка

petuh

півень

krysa

щур

koška

кіт

myš'

миша

vol

віл

sobaka

собака

konura

собача будка

sadovyj šlang

садовий шланг

lejka

лійка

kosa

коса

plug

плуг

serp

серп

motyga

мотика

navoznye vily

вила

topor

сокира

tačka

тачка

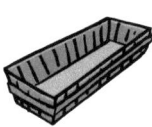

koryto

корито

bidon dlâ moloka

бідон молока

mešok

мішок

zabor

паркан

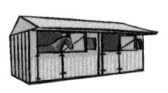

hlev

хлів

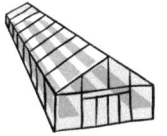

teplica

теплиця

počva

ґрунт

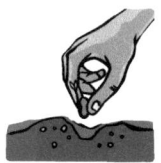

posev

насіння

udobrenie

добриво

kombajn

комбайн

sobirat' urožaj

пожинати

urožaj

урожай

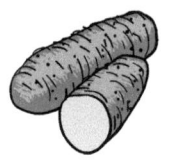

âms

корінь ямсу

pšenica

пшениця

soâ

соя

kartofel'

картопля

kukuruza

кукурудза

raps

ріпак

fruktovoe derevo

плодове дерево

maniok

маніок

zlaki

злаки

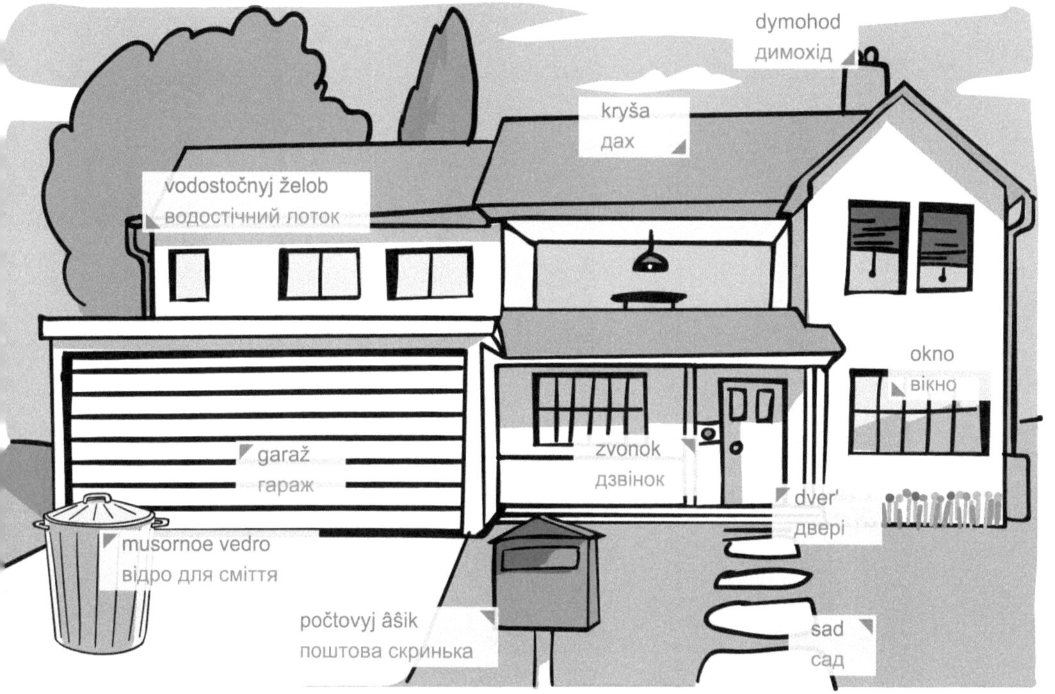

dymohod
димохід

kryša
дах

vodostočnyj želob
водостічний лоток

okno
вікно

garaž
гараж

zvonok
дзвінок

dver'
двері

musornoe vedro
відро для сміття

počtovyj âŝik
поштова скринька

sad
сад

gostinaâ

вітальня

vannaâ komnata

ванна кімната

kuhnâ

кухня

spal'nâ

спальня

detskaâ komnata

дитяча кімната

stolovaâ

їдальня

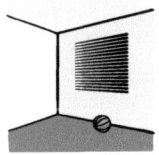

pol

підлога

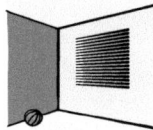

stena

стіна

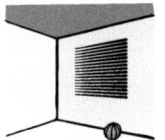

potolok

стеля

podval

підвал

sauna

сауна

balkon

балкон

terrasa

тераса

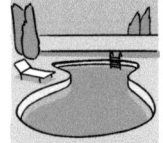

bassejn

басейн

gazonokosilka

косарка

pododeâl'nik

простирало

pokryvalo

ковдра

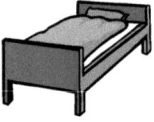

krovať

ліжко

metla

мітла

vedro

відро

vyklûčateľ

перемикач

gostinaâ
вітальня

oboi
шпалери
risunok
малюнок
lampa
лампа
polka
поличка
škaf
шафа
televizor
телевізор
kamin
камін
cvetok
квітка
poduška
подушка
divan
диван
vaza
ваза
pul't distancyonnogo upravleniâ
пульт

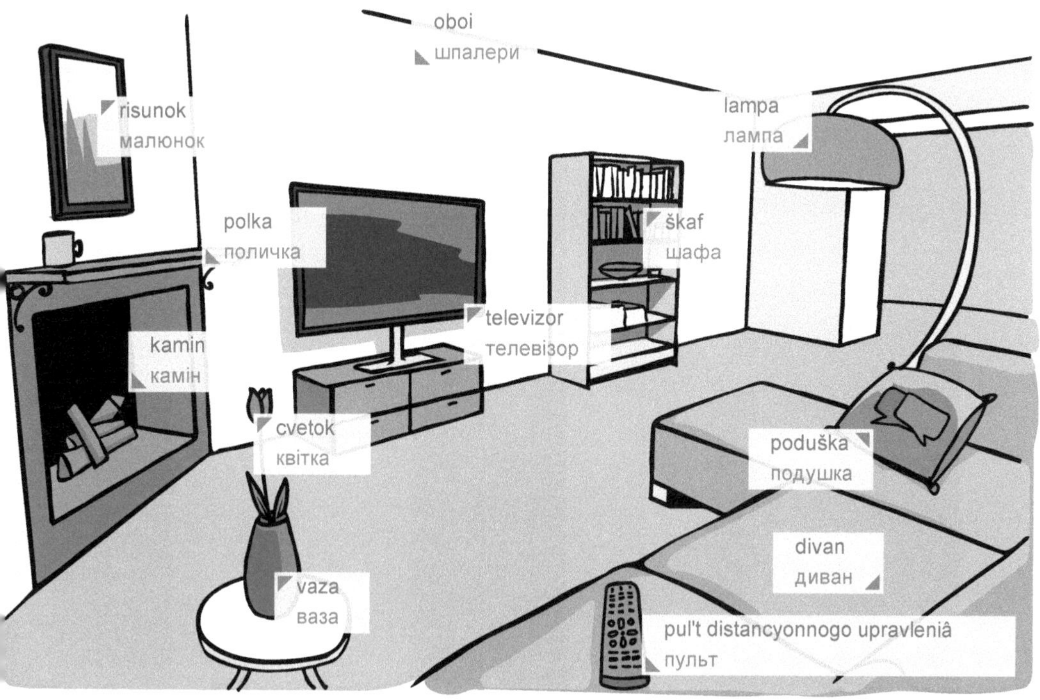

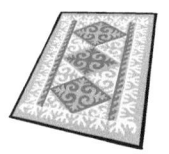

kovër
....
килим

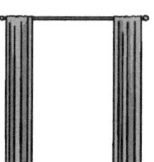

štora
....
завіса

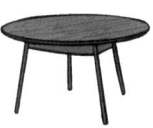

stol
....
стіл

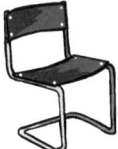

stul
....
стілець

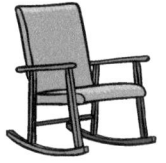

kreslo-kačalka
....
крісло-гойдалка

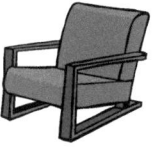

kreslo
....
крісло

kniga

книга

pokryvalo

ковдра

ukrašenie

прикраса

drova

дрова

fil'm

фільм

stereosistema

стереосистема

klûč

ключ

gazeta

газета

kartina

картина

plakat

плакат

radio

радіо

bloknot

блокнот

pylesos

пилосос

kaktus

кактус

sveča

свічка

kuhnâ
кухня

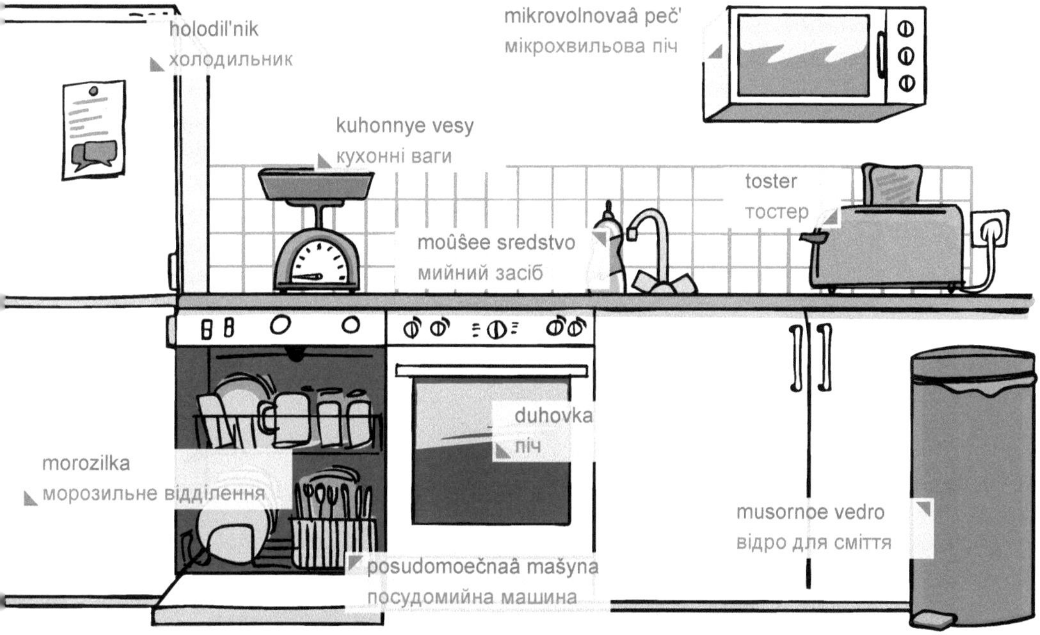
holodil'nik
холодильник
mikrovolnovaâ peč'
мікрохвильова піч
kuhonnye vesy
кухонні ваги
toster
тостер
moûŝee sredstvo
мийний засіб
duhovka
піч
morozilka
морозильне відділення
musornoe vedro
відро для сміття
posudomoečnaâ mašyna
посудомийна машина

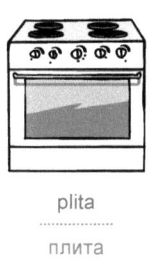

plita
....
плита

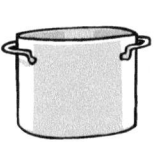

kastrûlâ
....
горщик

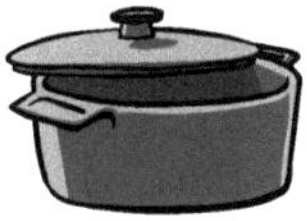

čugunnyj kotelok
....
чавунний горщик

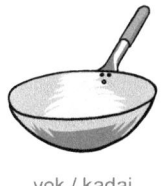

vok / kadaj
....
вок / кадай

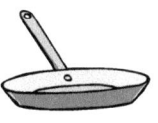

skovoroda
....
сковорода

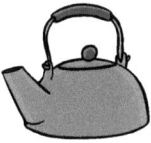

čajnik
....
чайник

parovarka

пароварка

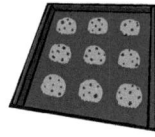

protiven'

лист

posuda

посуд

kružka

кухоль

miska

чаша

paločki dlâ edy

палички для їжі

polovnik

черпак

lopatka

лопатка

sbivalka

вінчик для збивання

sito

сито

sito

сито

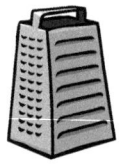

tërka

терка

stupka

ступка

gril'

барбекю

kostër

багаття

doska

дошка

skalka

качалка

štopor

штопор

žestânaâ banka

конзерва

konservnyj nož

відкривачка

prihvatka

прихватки

rakovina

раковина

šetka

щітка

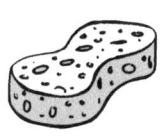

gubka

губка

mikser

міксер

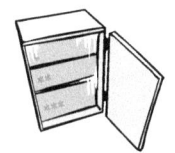

morozil'naâ kamera

морозильна камера

butyločka dlâ kormleniâ

дитяча пляшка

kran

кран

kuhnâ - кухня

vannaâ komnata

ванна кімната

duš
душ
otoplenie
опалення
polotence
рушник
duševaâ zanaveska
душова завіса
penistaâ vanna
пiниста ванна
vanna
ванна
stakan
склянка
stiral'naâ mašyna
пральна машина
kran
кран
plitka
плитка
goršok
горшок
rakovina
раковина

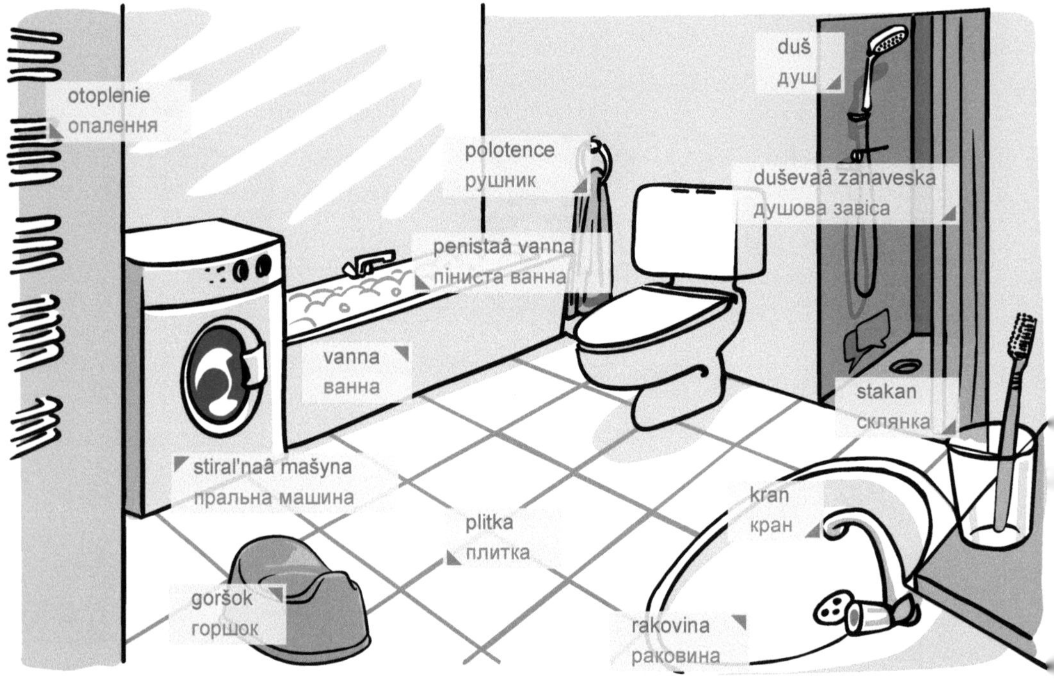

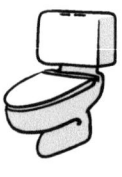

tualet

туалет

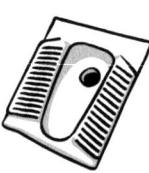

napol'nyj unitaz

підлоговий туалет

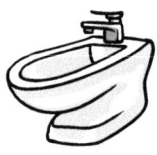

bide

біде

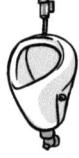

pissuar

пісуар

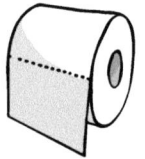

tualetnaâ bumaga

туалетний папір

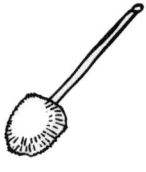

eršyk

щітка для туалету

zubnaâ šetka

зубна щітка

zubnaâ pasta

зубна паста

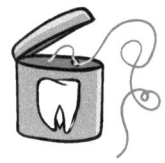

zubnaâ nit'

нитка для чищення зубів

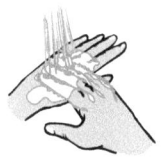

myt'

мити

ručnoj duš

ручний душ

intimnyj duš

інтимний душ

taz

таз

šetka dlâ spiny

щітка для спини

mylo

мило

gel' dlâ duša

гель для душу

šampun'

шампунь

močalka

мочалка

stok

водостік

krem

крем

dezodorant

дезодорант

zerkalo

дзеркало

ručnoe zerkalo

косметичне дзеркало

britva

бритва

pena dlâ brit'â

піна для гоління

los'on posle brit'â

лосьйон після гоління

rasčeska

гребінь

šetka

щітка

fen

фен

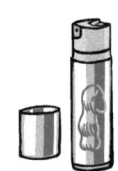

lak dlâ volos

лак для волосся

kosmetika

косметика

gubnaâ pomada

губна помада

lak dlâ nogtej

лак для нігтів

vata

вата

manikûrnye nožnicy

ножиці для нігтів

duhi

парфум

kosmetička

косметичка

taburetka

табурет

vesy

ваги

halat

халат

rezinovye perčatki

гумові рукавички

tampon

тампон

gigieničeskaâ prokladka

гігієнічні прокладки

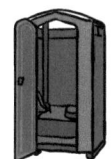

biotualet

біотуалет

detskaâ komnata
дитяча кімната

budil'nik
будильник
mâgkaâ igruška
м'яка іграшка
igrušečnyj avtomobil'
іграшковий автомобіль
pogremuška
брязкальце
kukol'nyj domik
ляльковий будиночок
podarok
подарунок

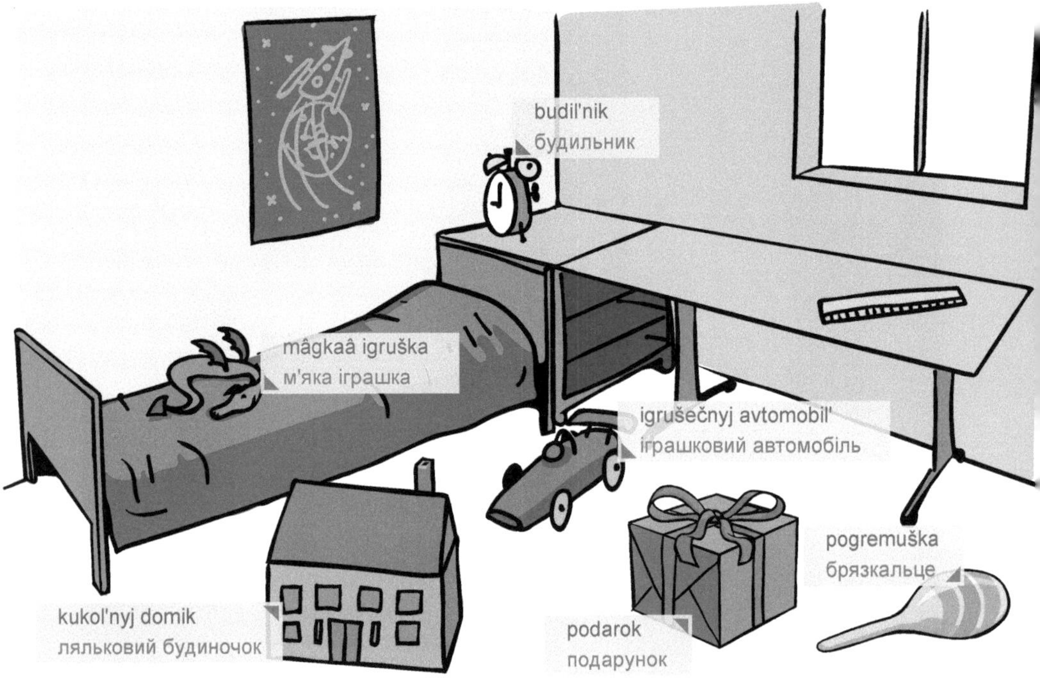

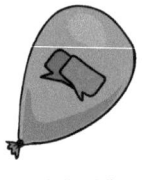

vozdušnyj šar

повітряна кулька

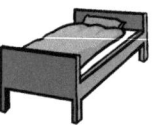

krovat'

ліжко

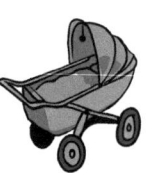

detskaâ kolâska

дитячий візок

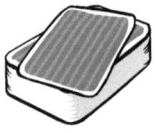

kartočnaâ igra

картярська гра

pazl

пазл

SUPER
MEGA

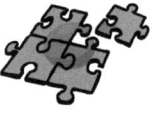

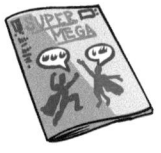

komiks

комікс

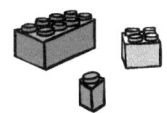

kirpičiki Lego

лего цеглинки

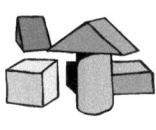

kubiki

блоки

igrušečnaâ figurka

іграшкова фігурка

polzunki

повзунки

frisbi

фризбі

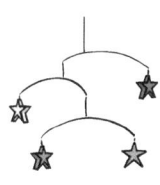

mobile

мобіле

nastol'naâ igra

настільна гра

kubik

кубик

model' železnoj dorogi

модель залізнична станція

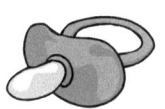

soska

соска

večerinka

вечірка

kniga s kartinkami

книжка з картинками

mâč

м'яч

kukla

лялька

igrat'

грати

pesočnica

пісочниця

kačeli

гойдалка

igruška

іграшка

igrovaâ pristavka

гральна консоль

trëhkolesnyj velosiped

триколісний велосипед

plûševyj medvežonok

плюшевий мішка

škaf dlâ odeždy

шафа

odežda

одяг

noski

шкарпетки

čulki

панчохи

kolgotki

колготки

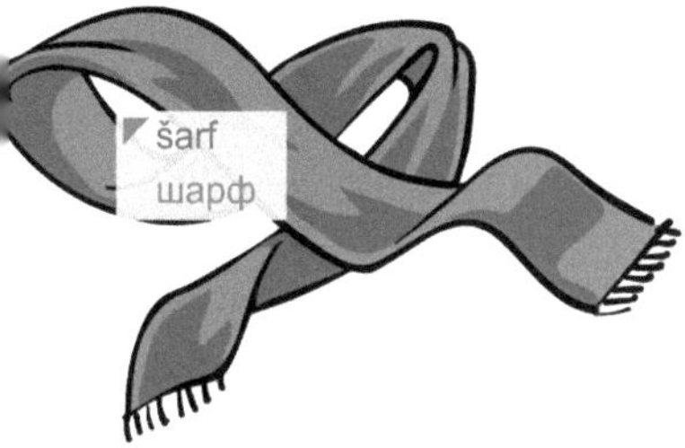

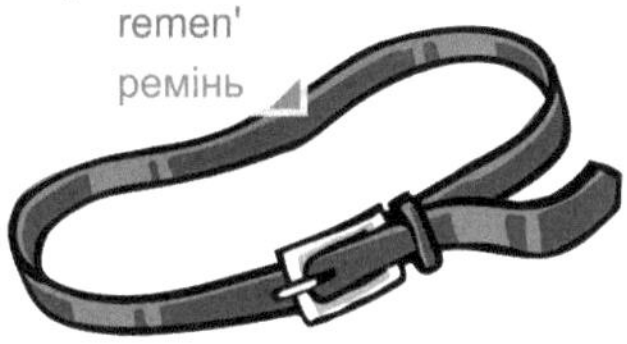

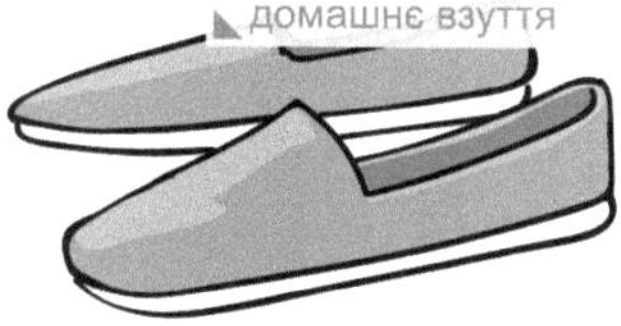

šarf
шарф

zontik
парасоля

remen'
ремінь

futbolka
футболка

sapogi
чоботи

tapki
домашнє взуття

krossovki
кросівки

sandalii
сандалі

botinki
взуття

rezinovye sapogi
гумові чоботи

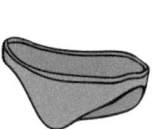

trusy
труси

bûstgal'ter
бюстгальтер

majka
нижня сорочка

bodi

боді

brûki

штани

džynsy

джинси

ûbka

спідниця

bluzka

блузка

rubaška

сорочка

sviter

пуловер

sviter

светр

sportivnaâ kurtka

піджак

žaket

куртка

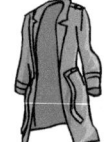

pal'to

пальто

plaŝ

дощовик

kostûm

костюм

plat'e

сукня

svadebnoe plat'e

весільна сукня

mužskoj kostûm

костюм

nočnaâ soročka

нічна сорочка

pižama

піжама

sari

capi

platok

головна хустка

tûrban

чалма

parandža

бурка

kaftan

кафтан

abajâ

абая

kupal'nik

купальник

plavki

плавки

šorty

шорти

sportivnyj kostûm

тренувальний костюм

fartuk

фартух

perčatki

рукавички

pugovica

гудзик

očki

окуляри

braslet

браслет

cepočka

ланцюг

kol'co

кільце

ser'ga

сережка

šapka

шапка

vešalka

плічка

šlâpa

капелюх

galstuk

краватка

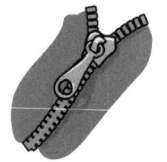

zastežka molniâ

застібка-блискавка

šlem

шолом

podtâžki

підтяжки

škol'naâ forma

шкільна форма

forma

уніформа

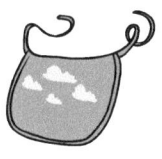

detskij nagrudnik

нагрудник

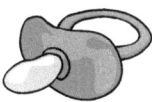

soska

соска

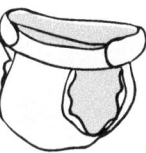

podguznik

підгузок

ofis

офіс

server
сервер
kancelârskij škaf
шаф для документів
printer
принтер
bumaga
папір
monitor
монітор
myš'
миша
pis'mennyj stol
письмовий стіл
papka
папка
klaviatura
синтезатор
korzina dlâ bumag
кошик для паперу
komp'ûter
комп'ютер
stul
стілець

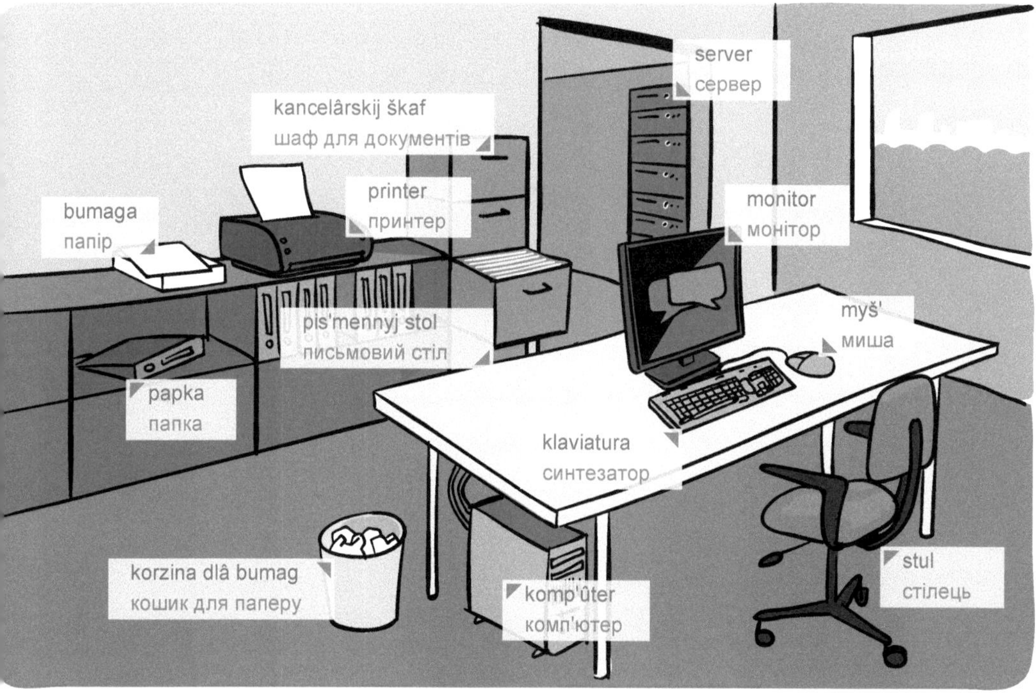

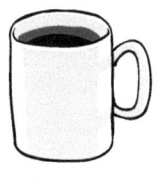

kofejnaâ kružka

кавовий кухоль

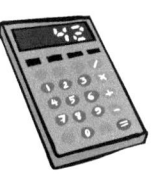

kal'kulâtor

калькулятор

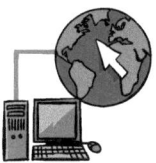

internet

інтернет

noutbuk

ноутбук

pis'mo

лист

soobšenie

повідомлення

mobil'nyj telefon

мобільний телефон

set'

мережа

kseroks

копіювальний пристрій

programma

програмне забезпечення

telefon

телефон

rozetka

розетка

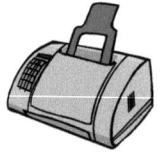

faks

факс

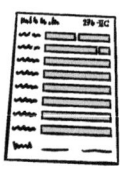

formulâr

бланк

dokument

документ

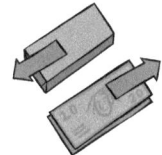

pokupat'

купувати

platit'

платити

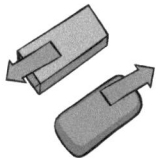

torgovat'

торгувати

den'gi

гроші

 USD

dollar

долар

 EUR

evro

євро

 JPY

iena

ієна

 RUB

rubl'

рубль

 CHF

frank

франк

 CNY

žèn'min'bi ûan'

юанів женьміньбі

 INR

rupiâ

рупія

bankomat

банкомат

punkt obmena valûty

обмінний пункт

zoloto

золото

serebro

срібло

neft'

нафта

ènergiâ

енергія

cena

ціна

dogovor

контракт

nalog

податок

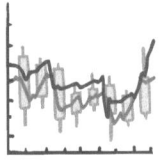

akcyâ

акція

rabotat'

працювати

služašij

працівник

rabotodatel'

роботодавець

fabrika

фабрика

magazin

магазин

professii
професії

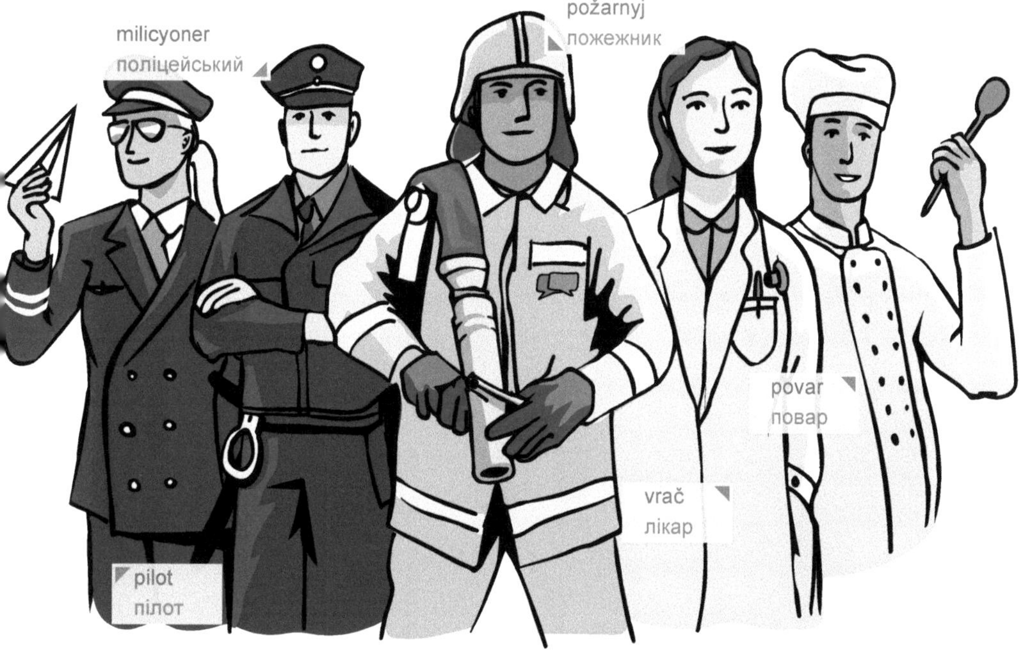

milicyoner
поліцейський
požarnyj
пожежник
povar
повар
vrač
лікар
pilot
пілот

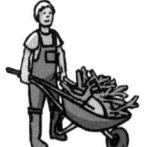

sadovnik

садівник

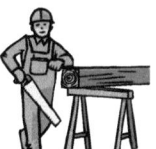

stolâr

столяр

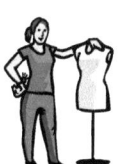

šveâ

швачка

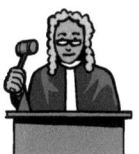

sud'â

суддя

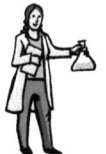

himik

хімік

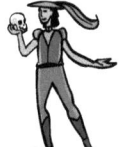

aktër

актор

voditel' avtobusa

водій автобуса

taksist

таксист

rybak

рибалка

uboršica

прибиральниця

krovel'šik

покрівельник

oficyant

офіціант

ohotnik

мисливець

hudožnik

художник

pekar'

пекар

èlektrik

електрик

stroitel'

будівельник

inžener

інженер

mâsnik

забійник

santehnik

бляхар

počtal'on

листоноша

soldat

солдат

arhitektor

архітектор

kassir

касир

florist

флорист

parikmaher

перукар

konduktor

кондуктор

mehanik

механік

kapitan

капітан

zubnoj vrač

дантист

učenyj

вчений

ravvin

рабин

imam

імам

monah

монах

svâŝennik

пастор

instrumenty
інструменти

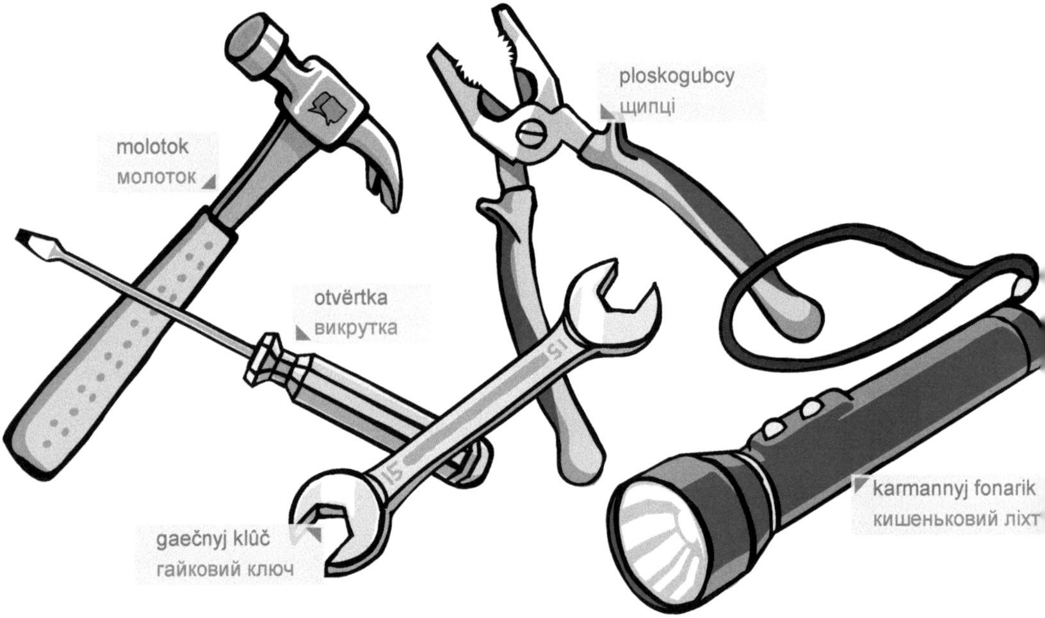
ploskogubcy
щипці
molotok
молоток
otvërtka
викрутка
karmannyj fonarik
кишеньковий ліхт
gaečnyj klûč
гайковий ключ

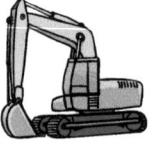

èkskavator

екскаватор

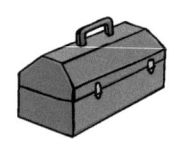

âŝik dlâ instrumentov

ящик для інструментів

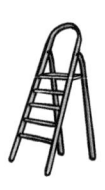

stremânka

драбина

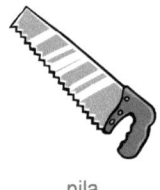

pila

пилка

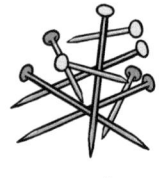

gvozdi

цвяхи

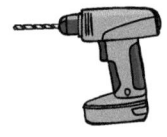

drel'

свердло

remontirovat'

ремонтувати

lopata

лопата

Blin!

лайно!

sovok

совок

vedro s kraskoj

відро з фарбою

vinty

гвинти

muzykal'nye instrumenty
музичні інструменти

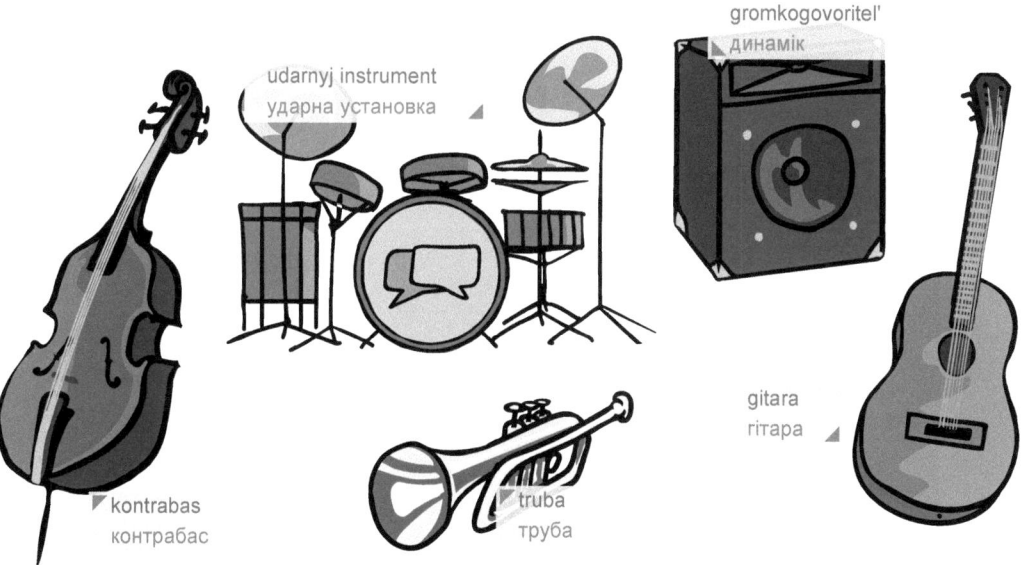

gromkogovoritel'
динамік

udarnyj instrument
ударна установка

gitara
гітара

kontrabas
контрабас

truba
труба

pianino

фортепіано

skripka

скрипка

bas-gitara

бас

litavry

литаври

baraban

барабан

sintezator

клавіатура

saksofon

саксофон

flejta

флейта

mikrofon

мікрофон

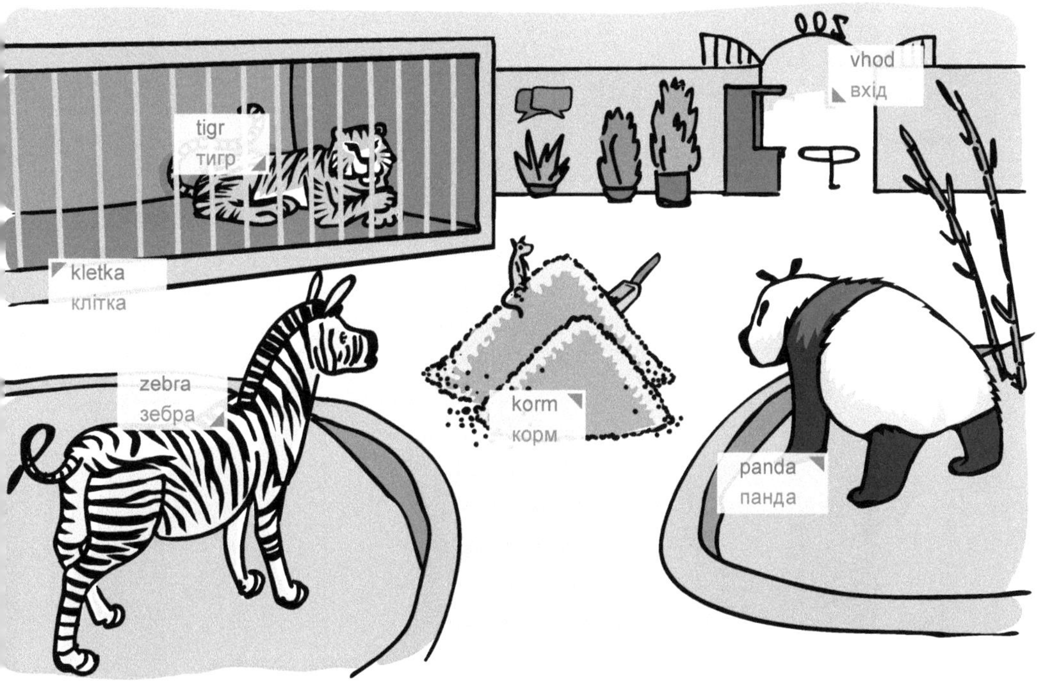

tigr
тигр

vhod
вхід

kletka
клітка

zebra
зебра

korm
корм

panda
панда

žyvotnye

тварини

slon

слон

kenguru

кенгуру

nosorog

носоріг

gorilla

горила

medved'

ведмідь

verblûd

верблюд

straus

страус

lev

лев

obez'âna

мавпа

flamingo

фламінго

popugaj

папуга

belyj medved'

білий ведмідь

pingvin

пінгвін

akula

акула

pavlin

павич

zmeâ

змія

krokodil

крокодил

služytel' zooparka

працівник зоопарку

tûlen'

тюлень

âguar

ягуар

poni

поні

leopard

леопард

begemot

гіпопотам

žyraf

жираф

orël

орел

kaban

кабан

ryba

риба

čerepaha

черепаха

morž

морж

lisa

лисиця

gazel'

газель

amerikanskij futbol
американський футбол

ezda na velosipede
їзда на велосипеді

tennis
теніс

basketbol
баскетбол

plavanie
плавання

boks
бокс

hokkej
хокей

futbol
футбол

badminton
бадмінтон

lëgkaâ atletika
легка атлетика

gandbol
гандбол

lyžnyj sport
лижні перегони

polo
поло

dejstviâ

дії

prygat'
стрибати
obnimat'
обіймати
smeât'sâ
сміятися
idti
йти
pet'
співати
mečtat'
мріяти
molit'sâ
молитися
celovat'
цілувати

pisat'

писати

risovat'

малювати

pokazyvat'

показувати

nažymat'

тиснути

davat'

давати

brat'

брати

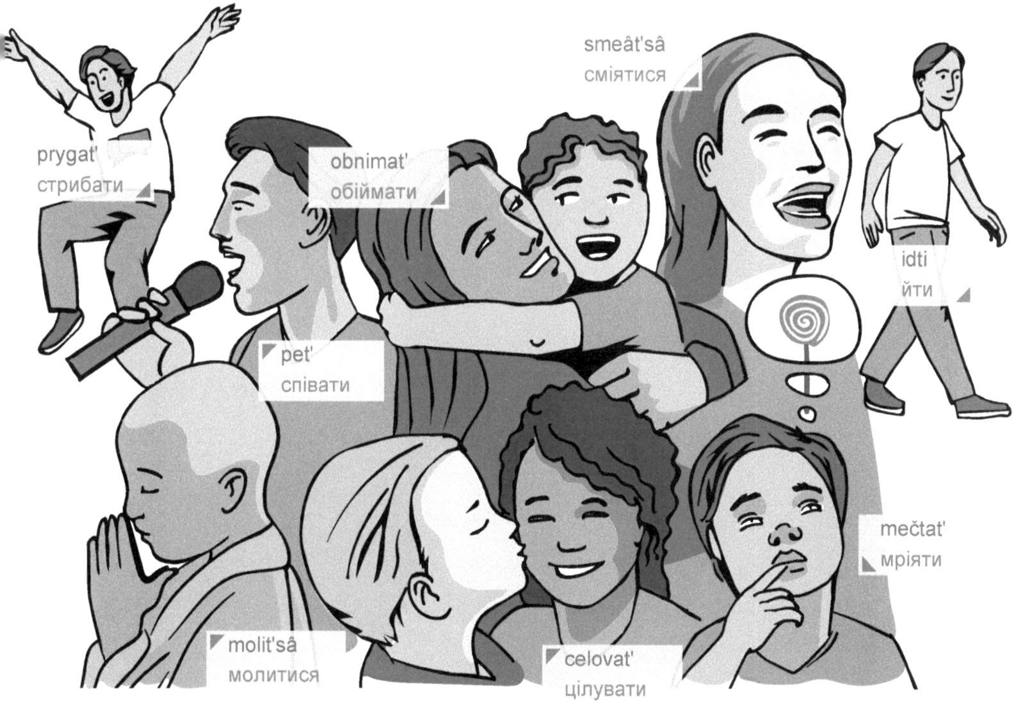

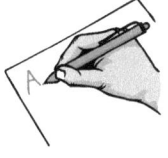

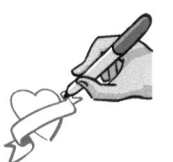

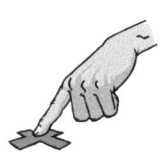

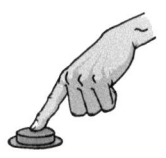

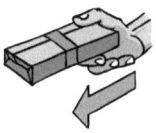

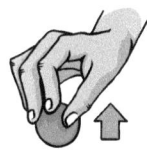

imet'

мати

delat'

робити

byt'

бути

stoât'

стояти

bežat'

бігати

tânut'

тягнути

brosat'

кидати

padat'

падати

ležat'

лежати

ždat'

очікувати

nosit'

носити

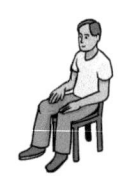

sidet'

сидіти

nadevat'

одягати

spat'

спати

prosypat'sâ

просипатися

rassmatrivat'

дивитися

plakat'

плакати

gladit'

гладити

pričesyvat'

розчісувати

govorit'

розмовляти

ponimat'

розуміти

sprašyvat'

питати

slušat'

слухати

pit'

пити

kušat'

їсти

navodit' porâdok

прибирати

lûbit'

любити

gotovit'

варити

ehat'

їхати

letat'

літати

hodiť pod parusom

йти під вітрилом

sčitať

рахувати

čitať

читати

učiť sâ

вчитися

rabotať

працювати

vstupať v brak

одружуватися

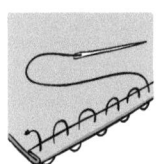

šyť

шити

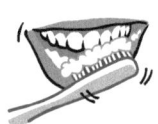

čistiť zuby

чистити зуби

ubivať

убивати

kuriť

курити

otpravlâť

посилати

sem'â

сім'я

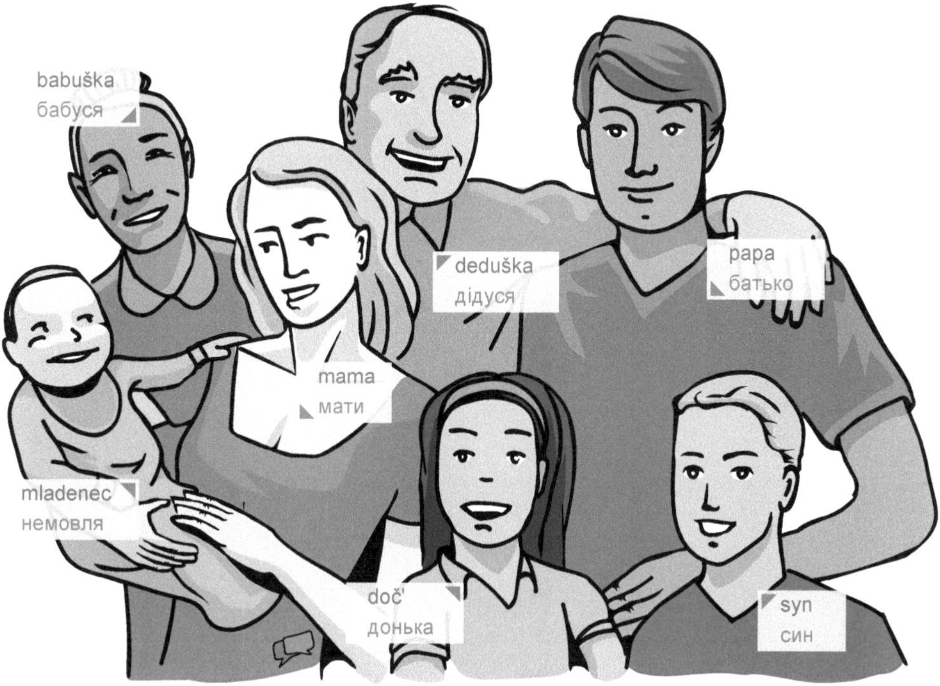

babuška
бабуся
deduška
дідуся
papa
батько
mama
мати
mladenec
немовля
doč'
донька
syn
син

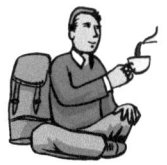

gost'

гість

tetâ

тітка

dâdâ

дядько

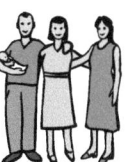

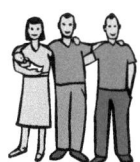

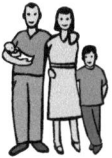

brat

брат

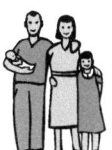

sestra

сестра

telo
тіло

lob
чоло
glaz
око
plečo
плече
palec
палець
lico
обличчя
podborodok
підборіддя
kist'
кисть
grud'
груди
noga
нога
ruka
рука

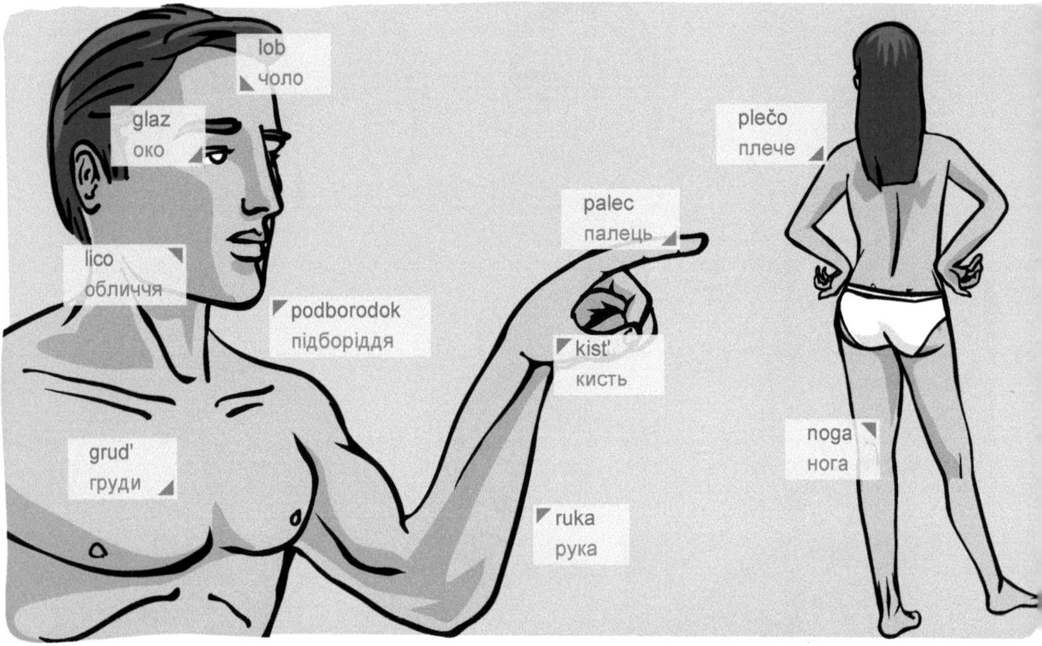

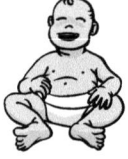

mladenec

немовля

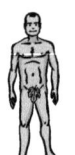

mužčina

чоловік

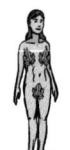

ženŝina

жінка

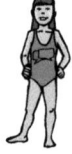

devočka

дівчина

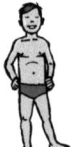

mal'čik

хлопчик

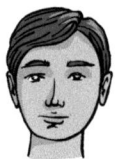

golova

голова

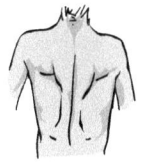

spina

спина

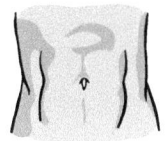

žyvot

живіт

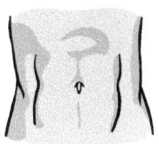

pupok

пуп

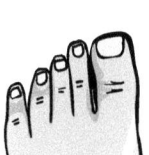

palec nogi

палець ноги

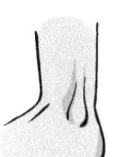

pâtka

п'ята

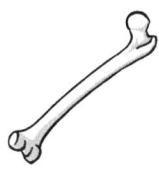

kost'

кістка

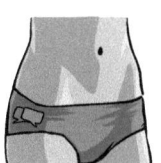

bedro

стегно

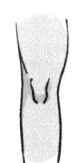

koleno

коліно

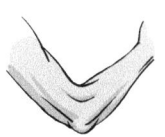

lokot'

лікоть

nos

ніс

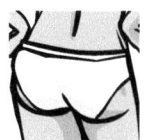

âgodicy

сідниці

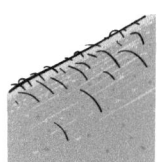

koža

шкіра

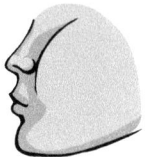

šeka

щока

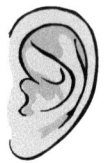

uho

вухо

guba

губа

telo - тіло

rot

рот

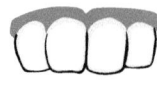

zub

зуб

âzyk

язик

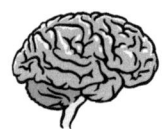

mozg

мозок

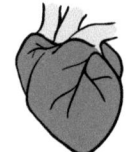

serdce

серце

myšca

м'яз

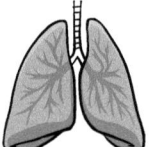

lёgkoe

легені

pečen'

печінка

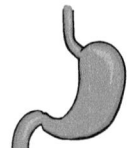

želudok

шлунок

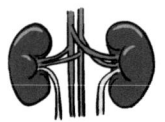

počki

нирки

polovoj akt

статевий акт

prezervativ

презерватив

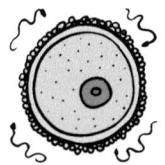

âjcekletka

яйцеклітина

sperma

сперма

beremennost'

вагітність

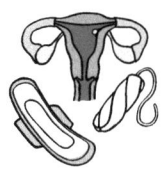

menstruacyâ

менструація

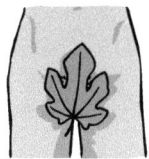

vagina

вагіна

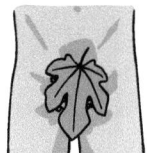

penis

пеніс

brov'

брова

volosy

волосся

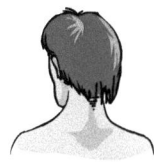

šeâ

шия

bol'nica
лікарня

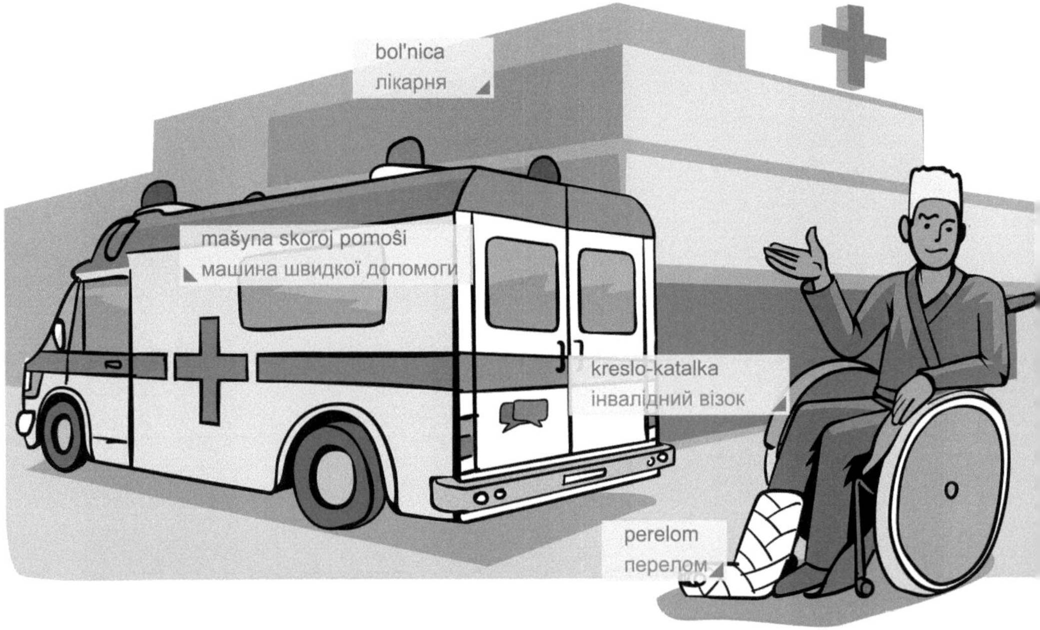

bol'nica
лікарня
mašyna skoroj pomoŝi
машина швидкої допомоги
kreslo-katalka
інвалідний візок
perelom
перелом

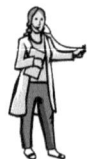

vrač

лікар

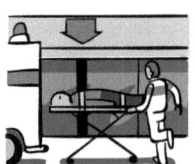

punkt pervoj pomoŝi

відділення швидкої медичної допомоги

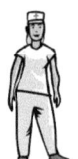

medsestra

медсестра

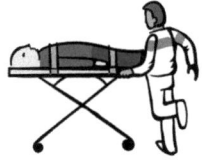

neotložnyj slučaj

аварійний випадок

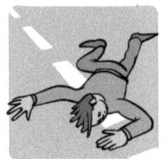

bez soznaniâ

непритомний

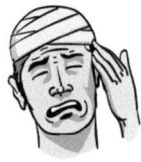

bol'

біль

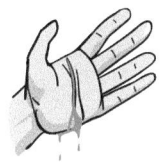

povreždenie

травма

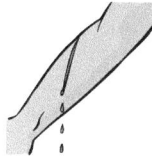

krovotečenie

кровотеча

infarkt

інфаркт

insul't

інсульт

allergiâ

алергія

kašel'

кашель

povyšennaâ temperatura

лихоманка

gripp

грип

ponos

пронос

golovnaâ bol'

головна біль

rak

рак

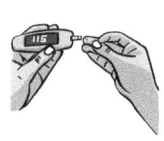

diabet

діабет

hirurg

хірург

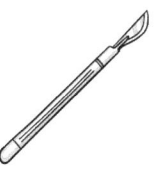

skal'pel'

скальпель

operacyâ

операція

KT

KT

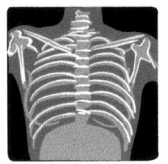

rentgen

рентген

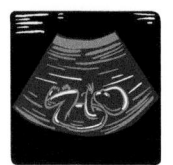

ul'trazvuk

ультразвук

maska

маска

bolezn'

хвороба

priëmnaâ

зал очікування

kostyl'

милиця

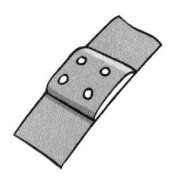

plastyr'

пластир

bint

пов'язка

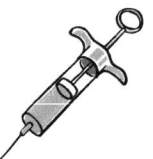

ukol

ін'єкція

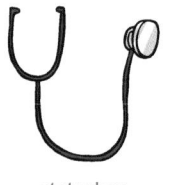

stetoskop

стетоскоп

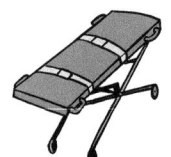

nosilki

ноші

termometr

термометр

roždenie

народження

izbytočnyj ves

надмірна вага

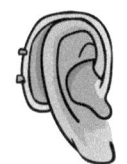

sluhovoj apparat

слуховий апарат

dezinfekcyonnoe sredstvo

дезінфікуючий засіб

infekcyâ

інфекція

virus

вірус

VIČ / SPID

ВІЛ / СНІД

lekarstvo

медицина

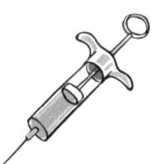

privivka

вакцинація

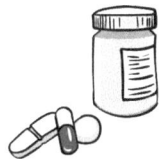

tabletki

таблетки

protivozačatočnaâ tabletka

протизаплідна пігулка

èkstrennyj vyzov

екстрений виклик

pribor dlâ izmereniâ
krovânogo davleniâ

тонометр

bol'noj / zdorovyj

хворий / здоровий

Pomogite!

Допоможіть!

napadenie

напад

ataka

атака

opasnosť

небезпека

zapasnoj vyhod

аварійний вихід

Požar!

Вогонь!

ognetušyteľ

вогнегасник

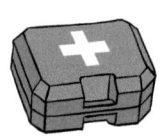

aptečka

аптечка

SOS

СОС

milicyâ

поліція

signal trevogi

сигнал тривоги

nesčastnyj slučaj

аварія

Evropa

Європа

Severnaâ Amerika

Північна Америка

Ûžnaâ Amerika

Південна Америка

Afrika

Африка

Aziâ

Азія

Avstraliâ

Австралія

Atlantičeskij okean

Атлантика

Tihij okean

Тихий океан

Indijskij okean

Індійський океан

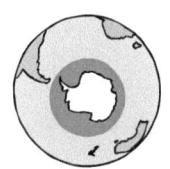

Antarktičeskij okean

Антарктичний океан

Severnyj Ledovityj okean

Північний Льодовитий
океан

Severnyj polûs

Північний полюс

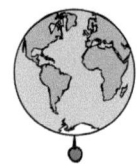

Ûžnyj polûs

Південний полюс

Antarktika

Антарктика

zemlâ

Земля

suša

суша

more

море

ostrov

острів

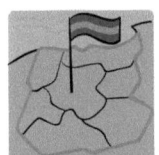

nacyâ

нація

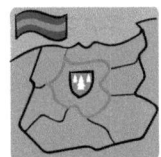

gosudarstvo

держава

cyferblat

циферблат

časovaâ strelka

годинникова стрілка

minutnaâ strelka

хвилинна стрілка

sekundnaâ strelka

секундна стрілка

Kotoryj čas?

Котра година?

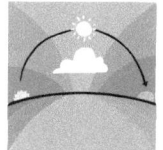

den'

день

vremâ

час

sejčas

зараз

èlektronnye časy

цифровий годинник

minuta

хвилина

čas

година

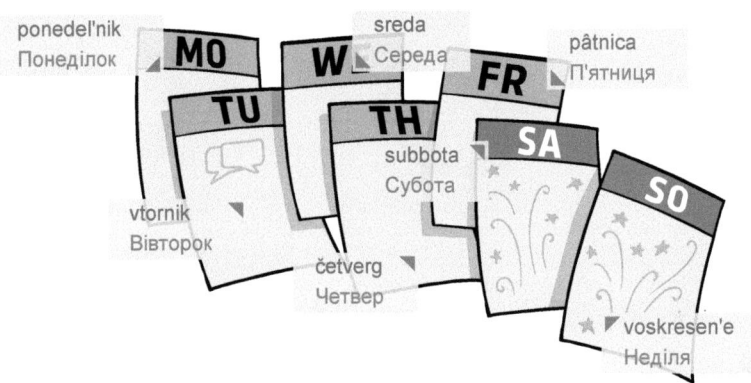

ponedel'nik
Понеділок

sreda
Середа

pâtnica
П'ятниця

MO · W · FR

TU · TH · SA

SO

vtornik
Вівторок

subbota
Субота

četverg
Четвер

voskresen'e
Неділя

včera

вчора

segodnâ

сьогодні

zavtra

завтра

utro

ранок

polden'

опівдні

večer

вечір

rabočie dni

робочі дні

vyhodnye

кінець робочого тижня

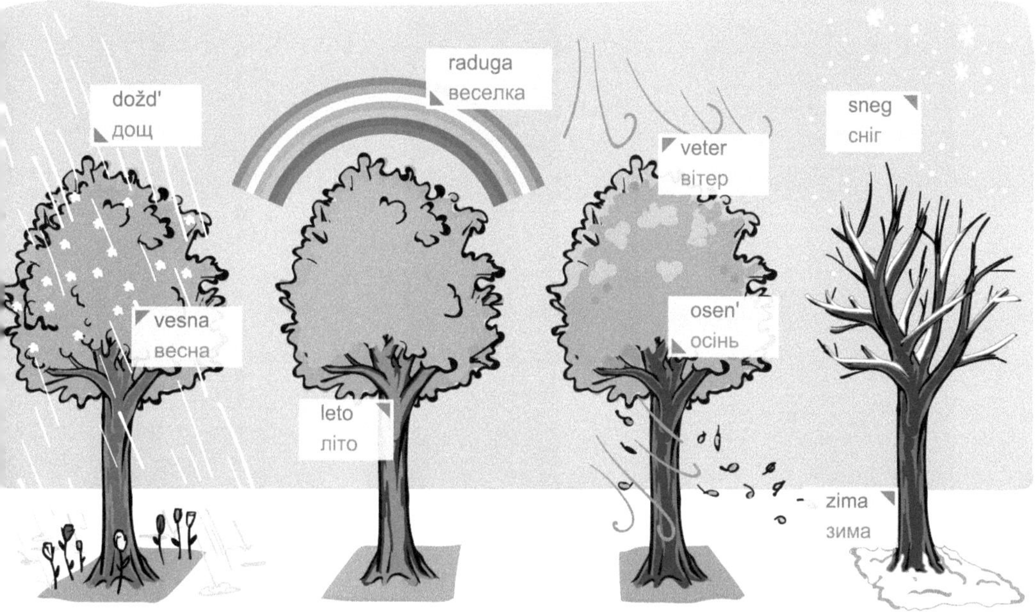

dožď
дощ

raduga
веселка

veter
вітер

sneg
сніг

vesna
весна

leto
літо

osen'
осінь

zima
зима

prognoz pogody

прогноз погоди

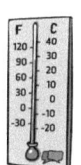

termometr

термометр

solnečnyj svet

сонячне світло

tuča

хмара

tuman

туман

vlažnosť vozduha

вологість повітря

molniâ

блискавка

grom

грім

burâ

шторм

grad

град

musson

мусон

navodnenie

повінь

lëd

лід

ânvar'

Січень

fevral'

Лютий

mart

Березень

aprel'

Квітень

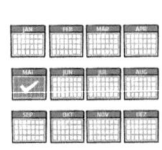

maj

Травень

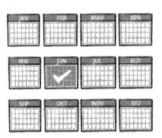

iûn'

Червень

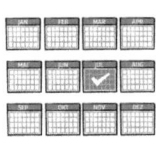

iûl'

Липень

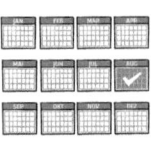

avgust

Серпень

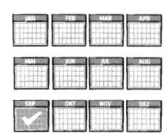

sentâbr'
....
Вересень

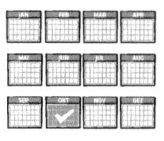

oktâbr'
....
Жовтень

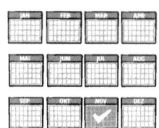

noâbr'
....
Листопад

dekabr'
....
Грудень

formy
форми

krug
....
круг

kvadrat
....
квадрат

prâmougol'nik
....
прямокутник

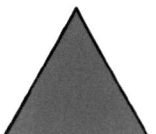

treugol'nik
....
трикутник

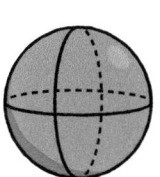

šar
....
куля

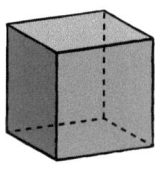

kub
....
куб

belyj

білий

želtyj

жовтий

oranževyj

помаранчевий

rozovyj

рожевий

krasnyj

червоний

lilovyj

фіолетовий

sinij

синій

zelënyj

зелений

koričnevyj

коричневий

seryj

сірий

černyj

чорний

mnogo / malo

багато / мало

ârostnyj / mirnyj

лютий / мирний

krasivyj / urodlivyj

гарний / бридкий

načalo / konec

початок / кінець

bol'šoj / malen'kij

великий / малий

svetlyj / temnyj

світлий / темний

brat / sestra

брат / сестра

čistyj / grâznyj

чистий / брудний

polnyj / nepolnyj

завершений /
незавершений

den' / noč'

день / ніч

mërtvyj / žyvoj

мертвий / живий

šyrokij / uzkij

широкий / вузький

s"edobnyj / nes"edobnyj

їстівний / неїстівний

zloj / druželûbnyj

злий / дружній

vzvolnovannyj / skučaûŝij

збуджений / нудьгуючий

tolstyj / hudoj

товстий / тонкий

snačala / v konce

спочатку / востаннє

drug / vrag

друг / ворог

polnyj / pustoj

повний / порожній

tvërdyj / mâgkij

жорсткий / м'який

tâžëlyj / legkij

важкий / легкий

golod / žažda

голод / спрага

bol'noj / zdorovyj

хворий / здоровий

nezakonnyj / zakonnyj

незаконний / законний

umnyj / glupyj

розумний / дурний

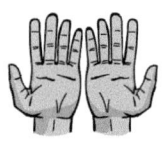

sleva / sprava

вліво / вправо

blizko / daleko

поруч / далеко

novyj / poderžannyj

новий / використаний

ničto / nečto

нічого / щось

staryj / molodoj

старий / молодий

vklûčeno / vyklûčeno

вкл / викл

otkryto / zakryto

відкрито / закрито

tiho / gromko

тихо / гучно

bogatyj / bednyj

багатий / бідний

pravil'nyj / nepravil'nyj

правильно / неправильно

šerohovatyj / gladkij

шорсткий / гладкий

pečal'nyj / sčastlivyj

сумний / щасливий

korotkij / dlinnyj

короткий / довгий

medlennyj / bystryj

повільно / швидко

mokryj / suhoj

вологий / сухий

tëplyj / prohladnyj

гарячий / холодний

vojna / mir

війна / мир

0

nol'

нуль

1

odin

один

2

dva

два

3

tri

три

4

četyre

чотири

5

pât'

п'ять

6

šest'

шість

7

sem'

сім

8

vosem'

вісім

9

devât'

дев'ять

10

desât'

десять

11

odinnadcat'

одинадцять

12

dvenadcat'

дванадцять

13

trinadcat'

тринадцять

14

četyrnadcat'

чотирнадцять

15

pâtnadcat'

п'ятнадцять

16

šestnadcat'

шістнадцять

17

semnadcat'

сімнадцять

18

vosemnadcat'

вісімнадцять

19

devâtnadcat'

дев'ятнадцять

20

dvadcat'

двадцять

100

sto

сто

1.000

tysâča

тисяча

1.000.000

million

мільйон

anglijskij

англійська

amerikanskij anglijskij

американська англійська

mandarinskij kitajskij

китайська
високочиновницька

hindi

хінді

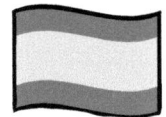

ispanskij

іспанська

francuzskij

французька

arabskij

арабська

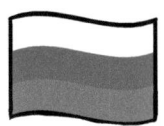

russkij

російська

portugal'skij

португальська

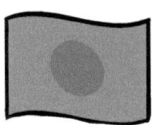

bengal'skij

бенгальська

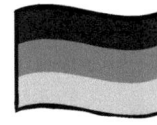

nemeckij

німецька

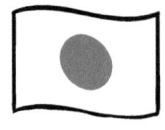

âponskij

японська

â
я

ty
ти

on / ona / ono
він / вона / воно

my
ми

vy
ви

oni
вони

kto?
хто?

čto?
що?

kak?
як?

gde?
де?

kogda?
коли?

imâ
ім'я

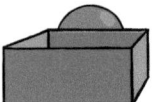

za
....
ззаду

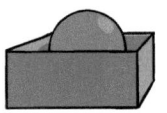

v
....
в

pered
....
перед

nad
....
над

na
....
на

pod
....
під

râdom
....
біля

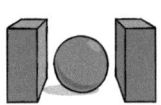

meždu
....
між

mesto
....
місце